Daniel Nassar
Julio Antonio Blasco

Wo die wilden Tiere wohnen

Biberburg, Storchennest & Co.

Aus dem Spanischen von Katja Hald

KNESEBECK

Titel der Originalausgabe: *Animales Architectos*

Copyright © 2013 Zahorí de Ideas, Barcelona, Spanien

Texte: Daniel Nassar

Ilustrationen: Julio Antonio Blasco, Sr. López

Deutsche Erstausgabe:

Copyright © 2013 von dem Knesebeck GmbH & Co.
Verlag KG, München

Ein Unternehmen der La Martinière Groupe

Übersetzung aus dem Spanischen: Katja Hald

Umschlaggestaltung: Leonore Höfer, Knesebeck Verlag

Lektorat, Satz und Herstellung: VerlagsService
Dr. Helmut Neuberger & Karl Schaumann GmbH, Heimstetten

Druck: NORPRINT

Printed in Spain

978-3-86873-649-6

www.knesebeck-verlag.de

Wo die wilden Tiere wohnen

01. KÖCHERFLIEGE

02. WEBERVOGEL

03. MONARCHFALTER

04. TERMITEN

05. BLATTSCHNEIDERAMEISEN

06. BIBER

07. GLADIATORFROSCH

08. HONIGBIENE

09. AFRIKANISCHER BAUMFROSCH

10. SPINNE

11. STORCH

12. SCHIMPANSE

13. SEIDENLAUBENVOGEL

14. RÖTELSCHWALBE

KÖCHERFLIEGE

Der griechische Name der Köcherfliege (**Trichoptera**) bedeutet so viel wie »behaarte Flügel«. Bevor das Insekt ausgewachsen ist, durchläuft es drei Stadien: Aus dem **Ei** schlüpft die **Larve** und wird dann zur **Puppe**. Die Köcherfliege macht also eine komplette **Metamorphose** durch. Im Larvenstadium und als Puppe lebt das Insekt im Wasser, wenn es ausgewachsen ist, fliegt es durch die Luft.

Manche Köcherfliegen bauen Häuser, die fest zwischen den Steinen am Grund eines Gewässers verankert sind.

Einige Larven wählen schwere Materialien aus, damit sie nicht von der Strömung weggespült werden. Andere benutzen leichte Materialien, um ihr Haus bequem transportieren zu können.

Tragbare Wohnröhren

Zur Tarnung vor Fressfeinden bauen sich die Fliegenlarven ein tragbares Haus aus harten Materialien: Sie befestigen Steinchen, Sand, trockene Blätter und hohle Zweige mit Spinnfäden an ihrem Körper.

SO WIRD GEBAUT

Das Baumaterial: Zuerst wählt die Larve die geeigneten Materialien für ihren »Köcher« aus. Das Baumaterial muss härter sein als ihr Panzer, und es müssen Dinge sein, die in ihrer Umgebung vorkommen, damit sie in der Landschaft getarnt ist. Dieses Material befestigt sie mit einem klebrigen Spinnfaden, den sie selbst herstellt, an ihrem Körper.

Die Röhrenform: Vorne bleibt der Köcher für den Kopf und die Vorderbeine der Larve offen. So kann sie fressen und sich fortbewegen, ohne ihr Haus verlassen zu müssen.

Das Netzeweben: Um Nahrung aus dem Fluss zu fischen, webt sie sich ein Netz, das aussieht wie eine Tasche.

Baumaterial

- **Steinchen, Sand, trockene Blätter oder hohle Zweige** werden für die Wände benutzt. Auch jedes andere Material, das in der Nähe zu finden ist, kann verwendet werden.

- **Klebrige Seidenfäden:** werden selbst hergestellt, um damit das Material zu einem »Köcher« zusammenzubinden und diesen dann an den Körper zu kleben.

Die Netze sind unterschiedlich dicht gewoben, je nachdem, wie schnell die Strömung fließt.

BAUPROJEKT:

WOHNRÖHREN

ARCHITEKT:

KÖCHERFLIEGE

BEINHALTEND:

BAUPLAN

ZEITANGABE:

GANZJÄHRIG

MASSSTAB:

5:1

SCHWIERIGKEITSSTUFE:

5

Köcherfliege
BESONDERE MERKMALE

Größe: ausgewachsen Tiere zwischen 2 und 30 mm.

Lebensraum: Flüsse und Feuchtgebiete.

Verbreitung: fast auf der ganzen Welt.

Besonderheiten: Die Larven stellen Seidenfäden her, um damit feste oder tragbare »Häuser« zu bauen. Diese werden dann mit verschiedenen Materialien verkleidet. Mit den Fäden weben sie auch Fangnetze.

Nahrung: verschiedene pflanzliche Substanzen, die in Flüssen vorkommen.

Feinde: Fische, Vögel, andere Insekten.

WEBERVOGEL

Dieser kleine Vogel mit kegelförmigem Schnabel gehört zu einer sehr artenreichen Familie. Seinen Namen verdankt er seiner Art und Weise, Nester zu bauen. Kein anderer Vogel webt kunstvollere Nester. Die Männchen vieler Arten haben leuchtend buntes Gefieder, meistens Rot oder Gelb mit Schwarz.

Hängende Häuser

Das Webervogelmännchen baut sein Nest hängend:

- damit die Eier sicher ausgebrütet werden können.
- damit er das Weibchen mit seinem hübschen Haus beeindrucken kann und sich die Vogeldame von ihm verführen lässt.

Manchmal wird die Öffnung nach unten verlängert. Der Eingangstunnel bietet mehr Schutz.

SO WIRD GEBAUT

Der Baumeister: Der Webervogel zerlegt Pflanzenstiele und Blätter in dünne, biegsame Fäden. Mit Schnabel und Krallen bindet er einige dieser Fäden an einen stabilen Ast und lässt sie nach unten hängen. Aus den Fadenenden webt er einen Ring, der später den Eingang bildet und an dem er sich beim Arbeiten festhalten kann. Dann webt er mit dem Schnabel immer mehr Fäden ein, bis das Nest fertig ist.

Die Dekorateurin: Bei den Webervögeln ist das Weibchen für den letzten Schliff verantwortlich. Die Webervogeldame polstert das Nest mit Gräsern, Baumwolle und Federn aus.

Eine Stadt aus Nestern: Manchmal setzen Webervogelpärchen ihre Nester nebeneinander und bauen dann ein gemeinsames Dach für alle.

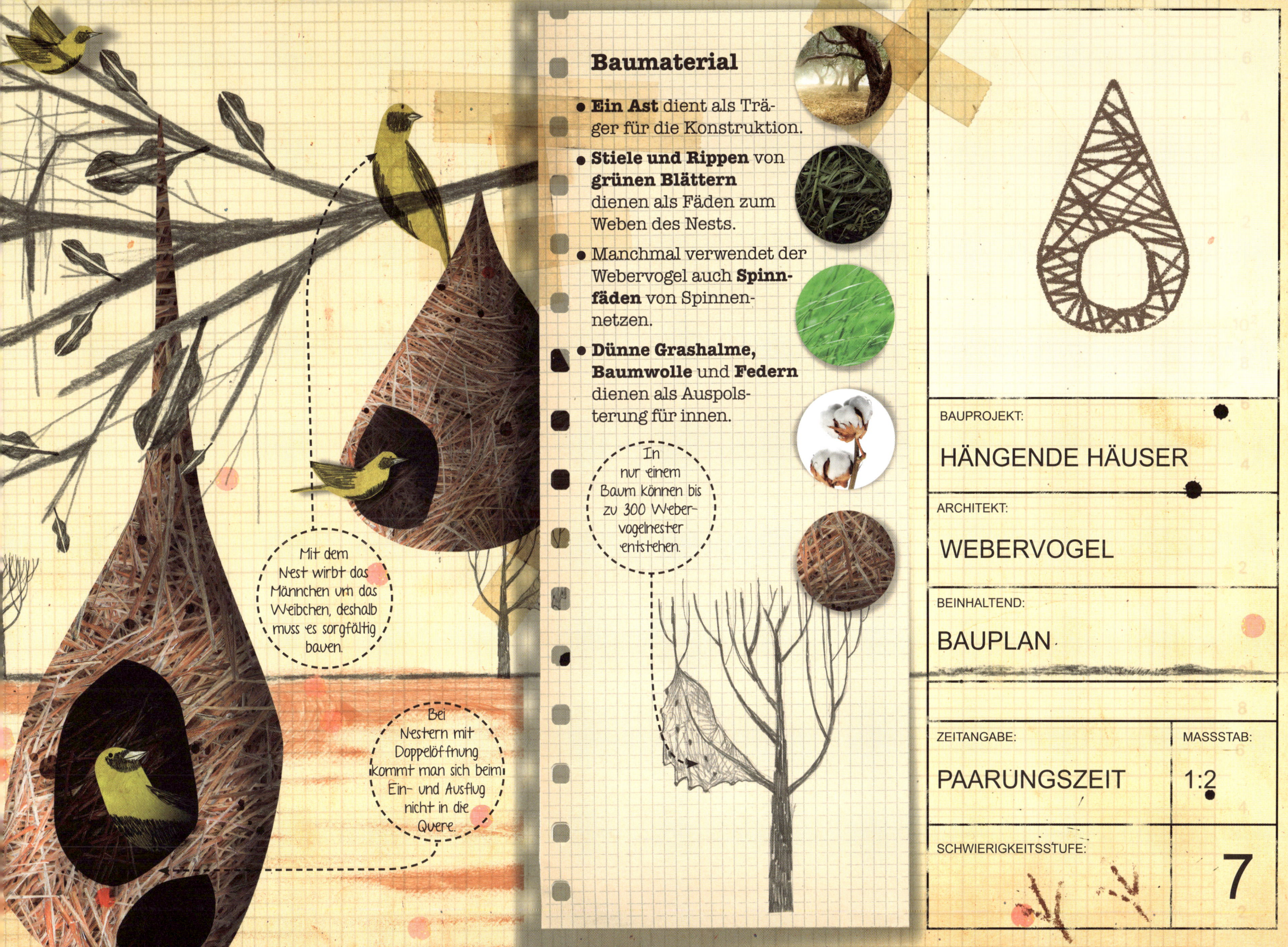

Baumaterial

- **Ein Ast** dient als Träger für die Konstruktion.

- **Stiele und Rippen** von **grünen Blättern** dienen als Fäden zum Weben des Nests.

- Manchmal verwendet der Webervogel auch **Spinnfäden** von Spinnennetzen.

- **Dünne Grashalme, Baumwolle** und **Federn** dienen als Auspolsterung für innen.

In nur einem Baum können bis zu 300 Webervogelnester entstehen.

Mit dem Nest wirbt das Männchen um das Weibchen, deshalb muss es sorgfältig bauen.

Bei Nestern mit Doppelöffnung kommt man sich beim Ein- und Ausflug nicht in die Quere.

BAUPROJEKT:

HÄNGENDE HÄUSER

ARCHITEKT:

WEBERVOGEL

BEINHALTEND:

BAUPLAN

ZEITANGABE:

PAARUNGSZEIT

MASSSTAB:

1:2

SCHWIERIGKEITSSTUFE:

7

MONARCHFALTER

Dieser Wanderfalter ist bekannt für seine langen Reisen. Mit Millionen von anderen Monarchfaltern legt er auf der Suche nach wärmeren Gebieten Tausende von Kilometern zurück. Wie viele andere Schmetterlinge durchlebt auch der Monarchfalter vier Stadien: Ei, Raupe, Puppe und Schmetterling.
Die Puppe ist wie ein Haus, in dem eine wundersame **Verwandlung** stattfindet.

Wenn er wandert, kann die Lebensdauer des Monarchfalters bis zu acht Monate betragen – länger als die aller anderen Schmetterlingsarten. Sonst lebt er nur etwa fünf Wochen.

WEBERVOGEL
BESONDERE MERKMALE

Gewicht: zwischen 32 und 45 g.
Größe: zwischen 15 und 18 cm.
Flügelspannweite: von Flügelspitze zu Flügelspitze zwischen 15 und 25 cm.
Lebensraum: nistet oft in der Nähe von Wasser.
Verbreitung: Die meisten Arten findet man in Afrika, einige in tropischen Gebieten Asiens oder in Australien.
Besonderheiten: lebt oft in Gruppen, wenn er Junge großzieht, hat aber nur einen Partner; nähert sich gerne Menschengruppen.
Nahrung: Körner, Insekten.
Feinde: Schlangen, andere Vögel.

Puppenhäuser

Der Kokon der **Puppe** ist wie eine Schutz-höhle, in der sich die Raupe in einen Schmetterling verwandelt. Das kann zwischen 8 und 30 Tage dauern, im Winter auch so lange, bis es nicht mehr allzu kalt ist. Der Kokon hat die Form einer Kapsel und hängt zwischen Blättern versteckt an einem Zweig. Am Anfang ist er grün, wird dann aber langsam durchsichtig, sodass man die Farben des neuen Schmetterlings erkennen kann.

SO WIRD GEBAUT

Befestigung am Zweig: Die Raupe sucht sich auf dem Baum, von dem sie frisst, einen Zweig. Mit selbstproduziertem Seidenfaden befästigt sie ihren Hinterleib an dem Ast.
Bau der Kapsel: In dieser Position baut sie eine Puppe, die aussieht wie eine Kapsel. Sie besteht aus Chitin, demselben Material, aus dem auch Insektenpanzer sind.
Die Übergangswohnung: Im Inneren der Kapsel löst sich die Raupe auf und es bildet sich ein Schmetterling. Dieser bricht die Kapsel auf und entfaltet seine wunderschönen Flügel.

Baumaterial

- Ein **Zweig**, der stabil genug ist, um die Puppe daran aufzuhängen, und dessen Blätter Schatten spenden.
- **Chitin**, um die Hülle der Puppe zu bauen.
- **Seidenfaden**, um sich an dem Zweig zu befestigen.

Die Raupe des Monarchfalters ist sehr gefräßig. Sie frisst fast 2000 Mal mehr, als sie wiegt! Entsprechend schnell nimmt sie zu.

Wenn der Falter aus der Puppe schlüpft, sind seine Flügel zerknittert – um sie auseinanderzufalten, pumpt er Blut in die Adern der Flügel und ... ist bereit zum Abflug!

BAUPROJEKT:

PUPPENHÄUSER

ARCHITEKT:

MONARCHFALTER

BEINHALTEND:

BAUPLAN

ZEITANGABE:	MASSSTAB:
FRÜHJAHR	3:1

SCHWIERIGKEITSSTUFE:

9

Monarchfalter
BESONDERE MERKMALE

Gewicht: zwischen 0,25 und 0,75 g.

Größe: 4 bis 5 cm mit Fühlern (wenn er erwachsen ist).

Flügelspannweite: 8,9 bis 10,2 cm (wenn er erwachsen ist).

Lebensraum: die Wälder Nord- und Mittelamerikas, wo er jedes Jahr auf Wanderschaft geht. Inzwischen ist er auch in Australien, Südostasien und den Atlantikgebieten Europas beheimatet.

Nahrung: hauptsächlich die sogenannten Seidenpflanzen und milchhaltige Sträucher.

Feinde: verschiedene Vögel und Mäuse, die gegen das Gift des Monarchfalters resistent sind.

Besonderheiten: begeben sich jedes Jahr auf eine lange Wanderung zwischen Mexiko und Kanada. Manchmal überqueren sie sogar den Atlantik und gelangen bis nach Europa.

Belüftete Kathedralen

Der **Termitenhügel** ist ein hoher Bau, den die Termiten errichten:

- als Wohnhaus für die Termitenkolonie.
- um sich vor Licht, Hitze und Kälte zu schützen.
- um neue Mitglieder großzuziehen und sich zu ernähren.

TERMITEN

Termiten sind soziale Insekten. Das heißt, sie leben in einer Kolonie, die sich aus »Kasten« zusammensetzt: Arbeiterinnen, Soldaten und Geschlechtstiere. In einem Staat können bis zu drei Millionen (!) Termiten leben. Jede Termitenart konstruiert andere Bauten: auf Bäumen, unter der Erde oder auf dem Boden in Form von Termitenhügeln, die bis zu acht Meter hoch werden können!

Termitennester sind die größten von Tieren erschaffenen Bauwerke.

SO WIRD GEBAUT

Nicht ohne Königin: Die Königin erteilt ihren Untertanen den Baubefehl. Den Bauplatz suchen sich die Termiten in der Nähe von Bäumen oder Büschen, die ihnen als Nahrung dienen.

»Gute Arbeit, Mädels!«: Stück für Stück errichten die Arbeiterinnen aus Erde, Speichel und Kot einen Tonhügel. In der Mitte bauen sie Kammern, in denen sie wohnen werden. Außen

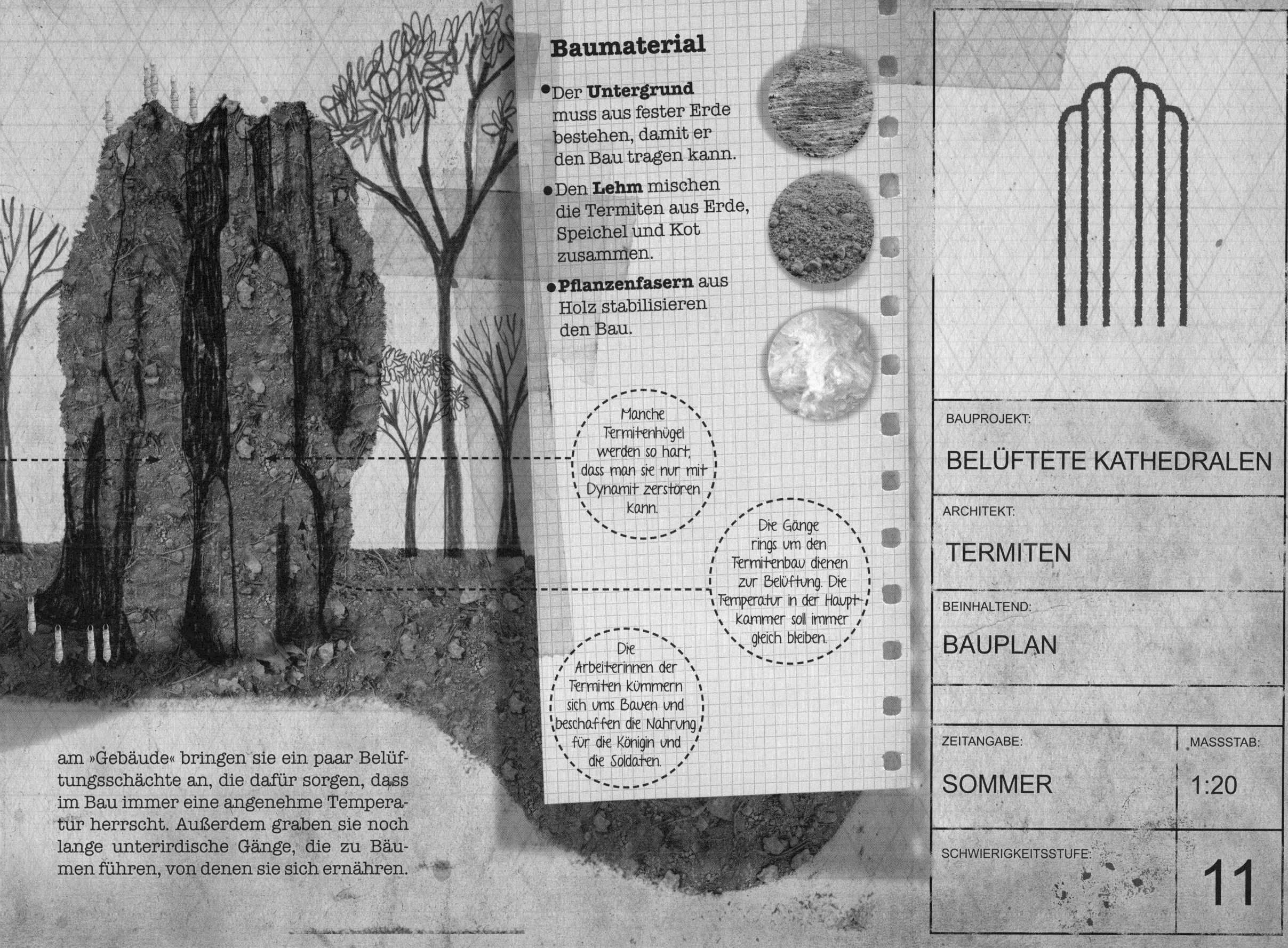

Baumaterial

- Der **Untergrund** muss aus fester Erde bestehen, damit er den Bau tragen kann.

- Den **Lehm** mischen die Termiten aus Erde, Speichel und Kot zusammen.

- **Pflanzenfasern** aus Holz stabilisieren den Bau.

Manche Termitenhügel werden so hart, dass man sie nur mit Dynamit zerstören kann.

Die Gänge rings um den Termitenbau dienen zur Belüftung. Die Temperatur in der Hauptkammer soll immer gleich bleiben.

Die Arbeiterinnen der Termiten kümmern sich ums Bauen und beschaffen die Nahrung für die Königin und die Soldaten.

am »Gebäude« bringen sie ein paar Belüftungsschächte an, die dafür sorgen, dass im Bau immer eine angenehme Temperatur herrscht. Außerdem graben sie noch lange unterirdische Gänge, die zu Bäumen führen, von denen sie sich ernähren.

BAUPROJEKT:

BELÜFTETE KATHEDRALEN

ARCHITEKT:

TERMITEN

BEINHALTEND:

BAUPLAN

ZEITANGABE:	MASSSTAB:
SOMMER	1:20

SCHWIERIGKEITSSTUFE:

11

BLATTSCHNEIDER-AMEISEN

Ameisen sind **soziale** Insekten. Sie leben in Kolonien, die sich aus verschiedenen **Kasten** zusammensetzen: Soldaten, die die Kolonie beschützen; Arbeiterinnen, die je nach Größe verschiedene Aufgaben haben; und Königinnen, die Eier legen. Es gibt sehr viele Ameisenarten. Die Blattschneiderameisen bauen fantastische Nester, mit Gärten und allem drum und dran!

Auf der Suche nach Blättern bilden die Arbeiterinnen Straßen. Eine Ameise kann zehn Mal mehr tragen als sie selber wiegt.

Termiten
BESONDERE MERKMALE

Größe: je nach Art und Kaste zwischen 4 und 20 mm.

Lebensraum: Tropenwald und Grassteppe.

Verbreitung: Afrika, Südamerika und Australien; seit einigen Jahren auch in Europa.

Besonderheiten: lebt in Kolonien mit bis zu drei Millionen Tieren. Sie sind sehr lichtscheu, ausgenommen zur Paarungszeit. Dann wachsen ihnen Flügel und sie schwärmen aus, um einen neuen Staat zu gründen.

Nahrung: Zellulose aus totem Holz, die die Arbeiterinnen in ihren Mägen vorverdauen, damit die anderen sie fressen können.

Feinde: hauptsächlich Ameisen.

Unterirdische Gärten

Ameisenbauten sind unterirdisch angelegt und haben Gärten, Gänge und sogar Abfallkammern! Sie werden hauptsächlich gebaut um:

• darin die Pilze zu züchten, von denen sich die Ameisen ernähren.

• Nachwuchs aufzuziehen.

• die Bruttemperatur für die Eier zu schaffen.

SO WIRD GEBAUT

Wie Majestät befehlen: Die Königin sucht eine geeignete Waldlichtung aus. Die Erde muss fest, aber leicht umzugraben sein.

Tunnelgräberinnen am Werk: Die Arbeiterinnen beginnen unzählige Tunnel zu graben. Wenn sie die Erde an die Oberfläche bringen, bauen sie daraus einen Hügel, voll mit »Schornsteinen«. Am Ende der Tunnel bauen sie große Kammern.

Gartenkammern und Kindergärten: Einige der Kammern im Hügel sind für Pilzgärten und die Aufzucht der »Kleinen« bestimmt. Dort arbeiten Ameisen aus den Kasten Gärtnerinnen und Kindermädchen.

Müllverwertung: In den größten Kammern, am Rand des Nests, wird der Abfall gesammelt. Darum kümmern sich die mittelgroßen Innendienstameisen.

Lüftungssystem: Die zerkauten Blätter produzieren stickige Luft. Diese steigt auf und kann durch die Schornsteine in der Mitte des Ameisenbaus entweichen. Gleichzeitig strömt durch die kleinen Schornsteine am Rand frische Luft nach innen.

Baumaterial

- Der **Erdboden** muss fest, aber leicht umzugraben sein.

- **Blätter** von **Bäumen** oder **Büschen** werden zerkaut und in den Gärten verteilt. Auf dieser Pflanzenmasse wachsen die Pilze, von denen sich die Ameisen ernähren.

- Das starke **Mundwerkzeug** nutzen die Ameisen, um Blätter zu zerkleinern und zu zerkauen und um in der Erde zu graben.

Der Eingang eines Ameisenbaus kann riesig sein, mehr als zehn Schritte breit. Der Bau selbst kann so tief werden wie ein zweistöckiges Haus und hat bis zu 2000 Kammern.

Gärtnerinnen und Kindermädchen kümmern sich um die Gartenpflege.

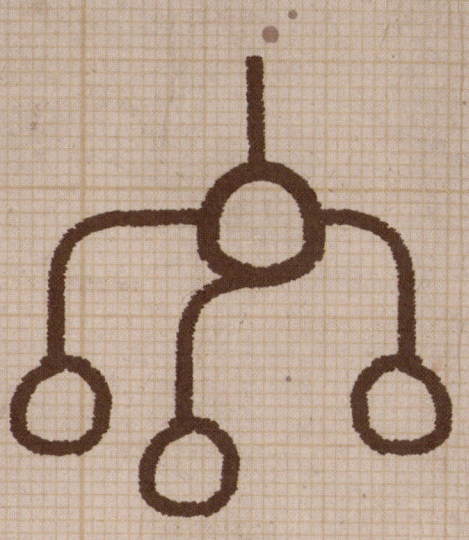

BAUPROJEKT:	
UNTERIRDISCHE GÄRTEN	
ARCHITEKT:	
BLATTSCHNEIDER-AMEISEN	
BEINHALTEND:	
BAUPLAN	

ZEITANGABE:	MASSSTAB:
SOMMER	1:10

SCHWIERIGKEITSSTUFE:	
	13

Blattschneiderameisen
BESONDERE MERKMALE

Größe: zwischen 2,5 und 25 mm, je nach Kaste.

Lebensraum: Wälder.

Verbreitung: Mittel- und Südamerika.

Besonderheiten: Kolonienbildung mit sechs verschiedenen Kasten und mehr als fünf Millionen Ameisen. Sie sammeln und verarbeiten Blätter, um Pilze zu züchten.

Nahrung: nur eine einzige Pilzsorte. Diese Pilze wachsen im Kompost, den die Ameisen aus den gesammelten Blättern herstellen. Sie zerkauen die Blätter und vermischen sie mit Speichel und Kot.

Feinde: Vögel, andere Insekten, Eidechsen, verschiedene Parasiten ... und in manchen Ländern finden auch die Menschen Ameisen sehr lecker.

BIBER

Dieses fleißige Nagetier errichtet seinen Bau an Flüssen oder Seen in der Nähe von Wäldern. Im Wasser bewegt sich der Biber sehr viel flinker als an Land.

Hütten am Fluss

Biberpärchen errichten einen Bau:

- um ihre Familie vor anderen Tieren wie Bären oder Wölfen zu schützen.
- als Zufluchtsort, wenn es im Winter kalt wird.
- um für die Zeit, wenn der Fluss zugefroren ist, Nahrung (Zweige, Rinde, Gräser) einzulagern.

SO WIRD GEBAUT

Die Biber suchen einen Platz, an dem das Wasser nicht tiefer als einen Meter ist und wenig Strömung hat. Dann tragen sie das Baumaterial zusammen. Mit ihren scharfen Zähnen nagen sie Stämme, Äste und Rinde ab. Und dann wird gebaut!

Am perfekten Platz: Zuerst bauen sie einen Damm und stauen das Wasser zu einem flachen Teich auf. In der Mitte des Teichs errichten sie ihren Bau.

Mit gutem Fundament: Am Grunde des Flusses legen sie ein Fundament aus Steinen und Schlamm. Darauf werden solange Zweige und Gräser gelegt, bis der Haufen aus dem Wasser ragt. Das ist dann der Boden der Hütte.

Mit einem stabilen Dach: Der Boden wird mit einer Kuppel aus Zweigen, Blättern und Gräsern überdacht und mit Moos und frischer Rinde verstärkt. Wenn es im Winter gefriert, wird dieses Dach hart wie Stein.

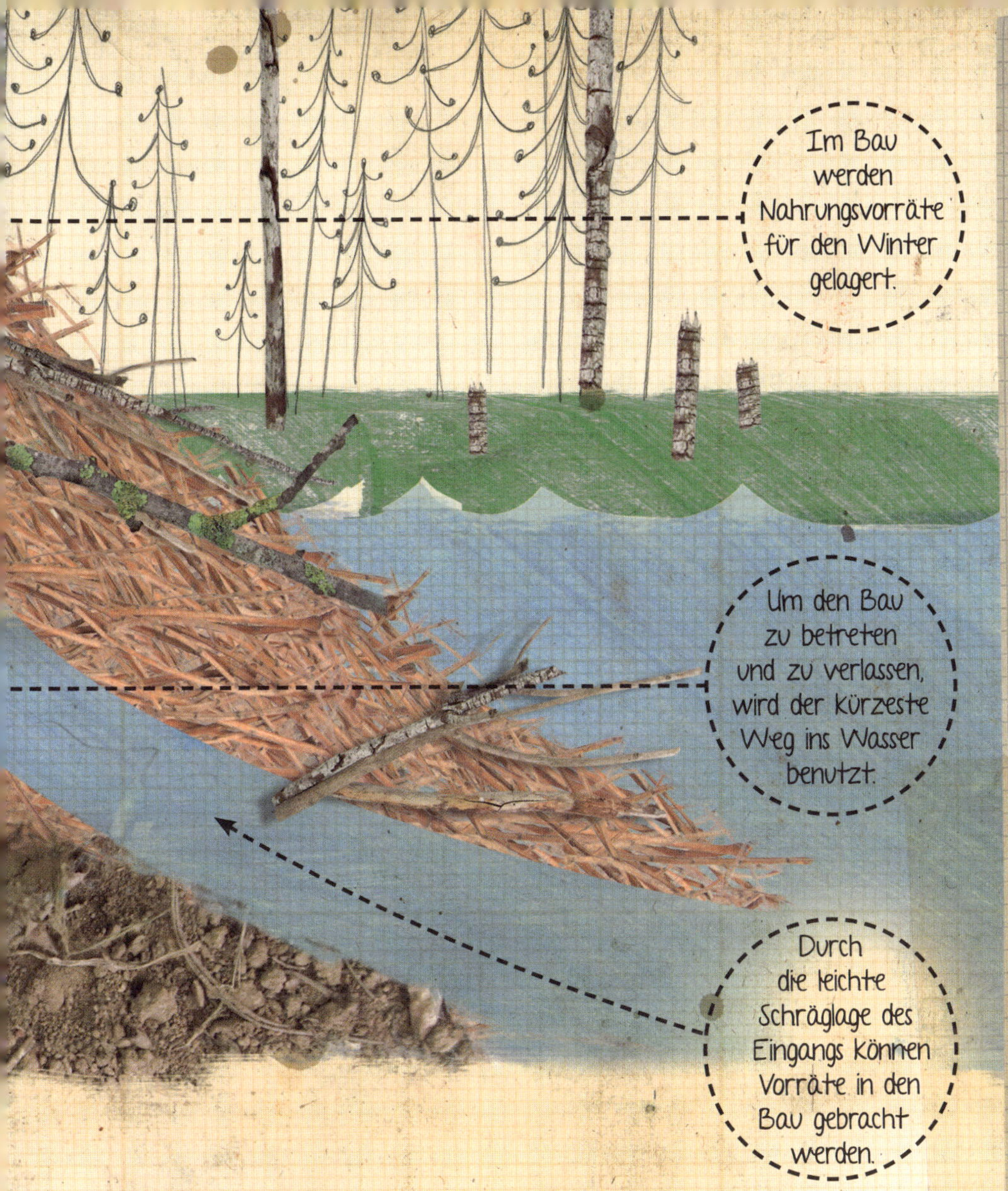

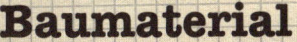

Im Bau werden Nahrungsvorräte für den Winter gelagert.
Um den Bau zu betreten und zu verlassen, wird der kürzeste Weg ins Wasser benutzt.
Durch die leichte Schräglage des Eingangs können Vorräte in den Bau gebracht werden.

Mit zwei Eingängen: Die Biber bauen ihre Eingänge unter Wasser. Einen zum Hinein- und Hinausschwimmen, einen als Transportschacht für Vorräte.

Mit Belüftungssytem: Ein Loch in der Kuppel funktioniert wie ein Schornstein.

Mit Sicherheitsvorkehrung: Um den Teich legen die Biber einen Schutzwall aus Rinde und »Bibergeil«. Puh! Dieses Sekret stinkt dermaßen, dass sich niemand, der nicht zur Familie gehört, nähert.

Instandhaltung: Der Bau wird sorgfältig gepflegt.

Baumaterial

- **Schlamm** und **Steine** bilden das Fundament für den Biberbau.

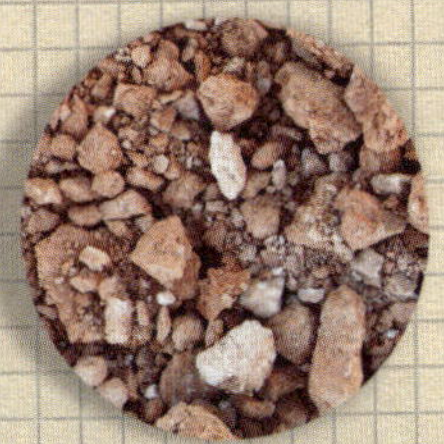

- **Geflochtene Zweige, trockene Blätter** und **Gräser** sind das wichtigste Material für die Kuppel und den Boden.

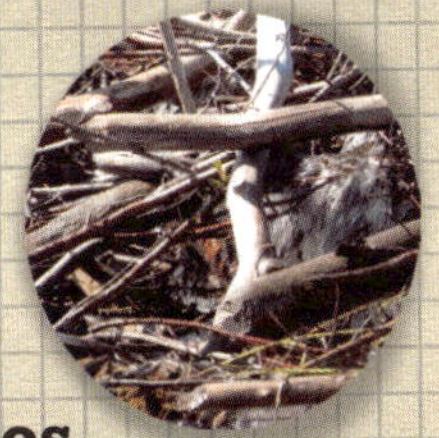

- **Frische Rinde** und **Moos** nutzen die Biber, um die Kuppel abzudecken und zu schützen.

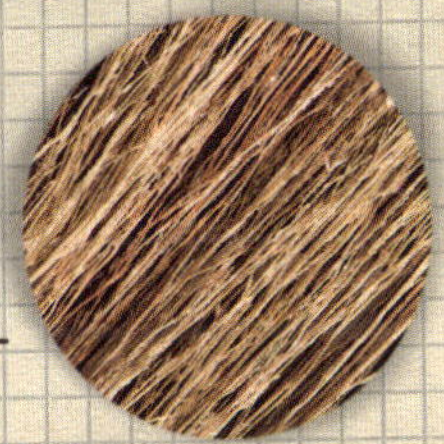

- **Bibergeil** ist ein bräunliches, öliges, schlimm stinkendes Sekret, das der Biber absondert, um Feinde abzuschrecken.

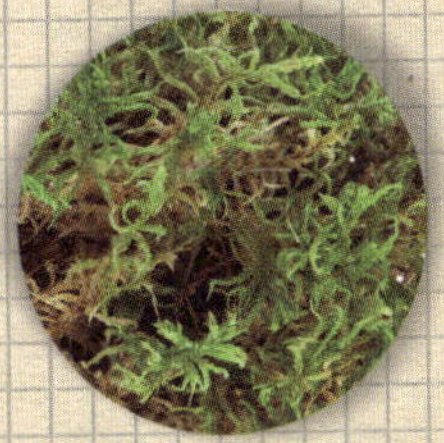

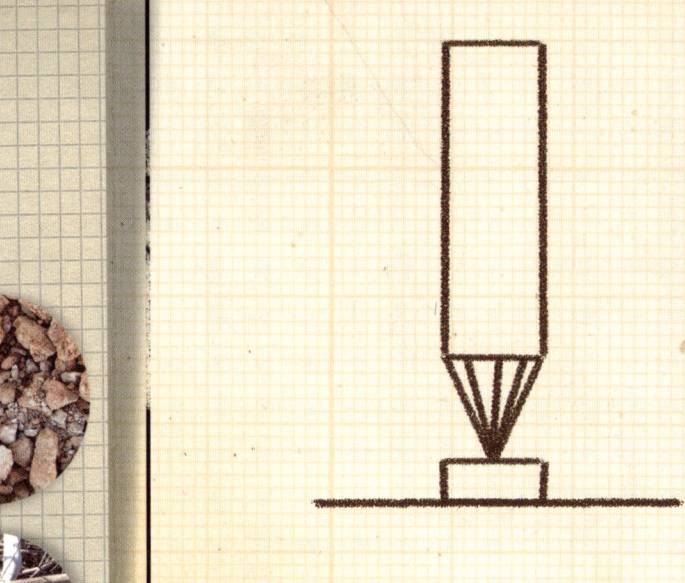

BAUPROJEKT: HÜTTEN AM FLUSS	
ARCHITEKT: BIBER	
BEINHALTEND: BAUPLAN	
ZEITANGABE: SOMMER	MASSSTAB: 1:10
SCHWIERIGKEITSSTUFE:	15

GLADIATOR-FROSCH

Dieser Frosch verdankt seinen Namen dem Mut und Kampfgeist, mit denen das Männchen die selbst gebaute Brutstätte verteidigt.

Das Weibchen legt etwa 3000 Eier, aus denen nach etwa drei Tagen die Kaulquappen schlüpfen.

Biber
BESONDERE MERKMALE

- **Gewicht:** zwischen 20 und 30 kg.
- **Länge:** zwischen 80 und 130 cm.
- **Schwanzlänge:** 25 cm.
- **Größe:** ungefähr 30 cm.
- **Lebensraum:** kältere Regionen; Flüsse und Seen in der Nähe von Wald.
- **Verbreitung:** Nordamerika und Europa.
- **Besonderheiten:** lebt im Wasser und ist nachtaktiv; Biber leben als Paare zusammen und in Biberkolonien.
- **Nahrung:** Pflanzenfresser (Blätter, Rinde, Wasserpflanzen und Früchte).
- **Feinde:** vor allem Menschen; aber auch Bären, Füchse, Wölfe und in Nordamerika Fischermarder.

Kaulquappen-Planschbecken

Die Spezialität dieses Frosches ist es, für seinen Nachwuchs kleine runde Tümpel zu bauen. So können die Kaulquappen nicht so leicht gefressen oder von der Strömung weggespült

SO WIRD GEBAUT

Das Männchen baut aus **Schlamm** einen kleinen runden **Tümpel** mit einem **Wall** drum herum.

Wenn der Tümpel fertig ist, lässt es den Bau vom Weibchen begutachten. Geht das Weibchen in die Anlage, beginnt der zukünftige Vater, es zu umwerben. Im passenden Moment legt es die Eier, die dann in der Mitte des Tümpels schwimmen.

Das Männchen bewacht seinen Nachwuchs so lange, bis die Kaulquappen zu Fröschen geworden sind. Dann springen sie – hops! – aus ihrem Planschbecken heraus und leben im Teich.

Das Weibchen untersucht anspruchsvoll die Brutstätten. In der Hälfte der Fälle lehnt es sie ab.

Baumaterial

- **Schlamm** wird vom Grund des Teiches geholt.
- Als **Werkzeug,** um den Schlamm zu formen, benutzt der Frosch seine Beine.

Der Gladiatorfrosch hat am Daumen eine Art Sporn, der einem winzigen Dolch gleicht. Damit verteidigt er seine Kaulquappen gegen andere Frösche.

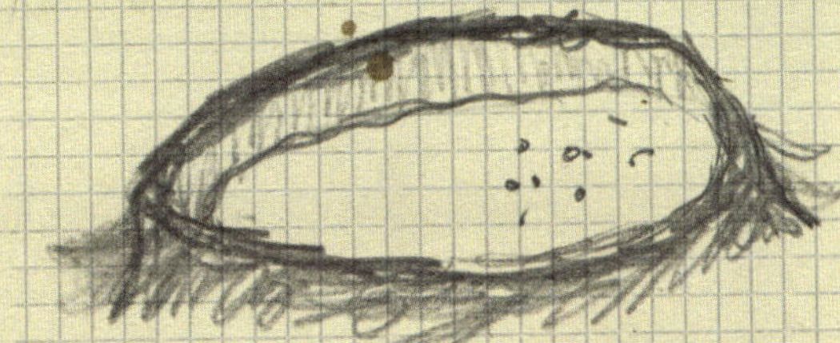

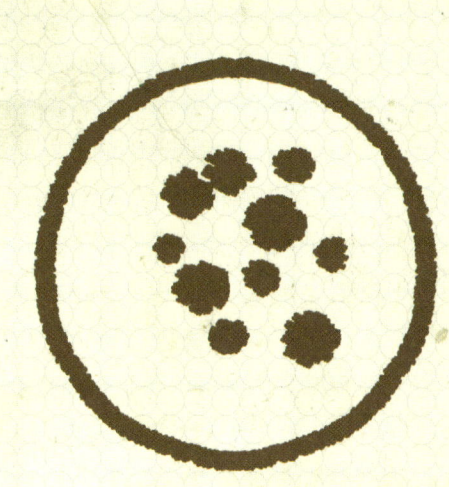

BAUPROJEKT:	
KAULQUAPPEN-PLANSCHBECKEN	
ARCHITEKT:	
GLADIATORFROSCH	
BEINHALTEND:	
BAUPLAN	
ZEITANGABE:	MASSSTAB:
REGENZEIT	**1:2**
SCHWIERIGKEITSSTUFE:	**17**

HONIGBIENE

Die Bienen sind **staatenbildende** Insekten. In der Bienenkolonie gibt es jeweils eine Königin, Hunderte von Drohnen und Tausende von Arbeiterinnen, deren Zusammenleben bestens organisiert ist.

Die Waben im Bienenstock sind sechseckig. So wird der verfügbare Platz bestmöglich genutzt und es wird weniger Material für die Wände benötigt.

Am Anfang ist eine Wabe durchsichtig. Wenn sie alt wird, wird sie trüb und zerbrechlich, und es ist an der Zeit, eine neue zu bauen.

Eine Stadt zum Schlafen

Bienen leben im **Schwarm** zusammen in einem Nest. Der **Bienenstock** ist gut durchdacht und aufgebaut – wie eine Stadt, in der die Bienen:

- den von den Arbeiterinnen gesammelten Honig und die Pollen lagern. Im Winter, wenn keine Blumen blühen, brauchen sie den Honig als Nahrung.
- den Nachwuchs ihrer Kolonie aufziehen.
- sich sammeln und ausruhen.
- vor Regen, Kälte und Hitze geschützt sind.

Gladiatorfrosch
BESONDERE MERKMALE

Größe: zwischen 70 und 90 mm.

Lebensraum: feuchtes Tiefland.

Verbreitung: Costa Rica, Panama, Kolumbien und Ecuador.

Besonderheiten: Die Männchen bauen kleine ummauerte Tümpel, um die Weibchen anzulocken. Wenn sie die Brutstätte gegen andere Männchen verteidigen, kämpfen sie sehr mutig und hart.

Nahrung: viele verschiedene Insekten und ein paar Pflanzen.

Feinde: Schlangen, Eidechsen, Vögel und kleine Säugetiere, aber vor allem andere Gladiatorfroschmännchen.

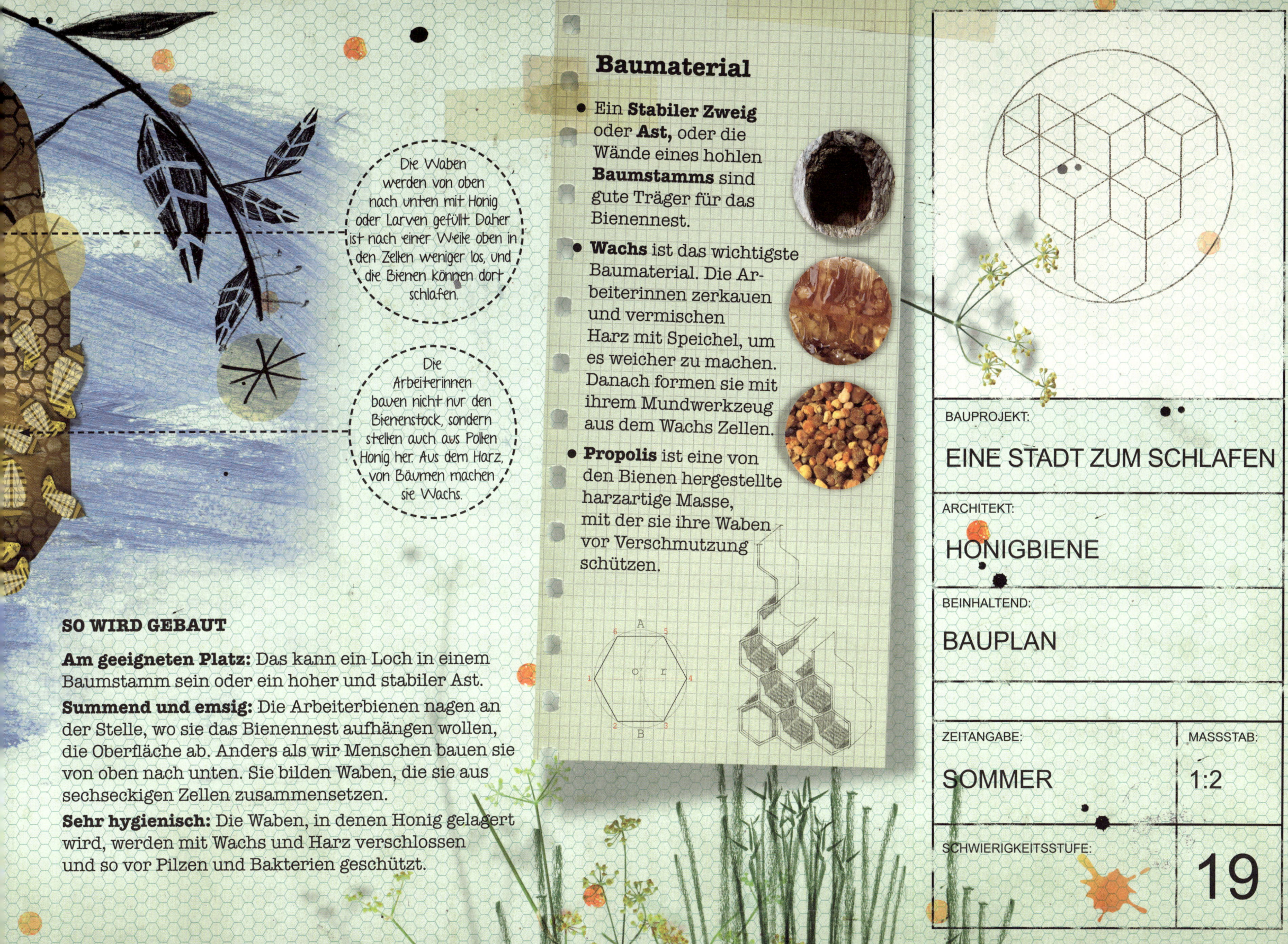

Baumaterial

- Ein **Stabiler Zweig** oder **Ast,** oder die Wände eines hohlen **Baumstamms** sind gute Träger für das Bienennest.

- **Wachs** ist das wichtigste Baumaterial. Die Arbeiterinnen zerkauen und vermischen Harz mit Speichel, um es weicher zu machen. Danach formen sie mit ihrem Mundwerkzeug aus dem Wachs Zellen.

- **Propolis** ist eine von den Bienen hergestellte harzartige Masse, mit der sie ihre Waben vor Verschmutzung schützen.

Die Waben werden von oben nach unten mit Honig oder Larven gefüllt. Daher ist nach einer Weile oben in den Zellen weniger los, und die Bienen können dort schlafen.

Die Arbeiterinnen bauen nicht nur den Bienenstock, sondern stellen auch aus Pollen Honig her. Aus dem Harz von Bäumen machen sie Wachs.

SO WIRD GEBAUT

Am geeigneten Platz: Das kann ein Loch in einem Baumstamm sein oder ein hoher und stabiler Ast.

Summend und emsig: Die Arbeiterbienen nagen an der Stelle, wo sie das Bienennest aufhängen wollen, die Oberfläche ab. Anders als wir Menschen bauen sie von oben nach unten. Sie bilden Waben, die sie aus sechseckigen Zellen zusammensetzen.

Sehr hygienisch: Die Waben, in denen Honig gelagert wird, werden mit Wachs und Harz verschlossen und so vor Pilzen und Bakterien geschützt.

BAUPROJEKT:	
EINE STADT ZUM SCHLAFEN	
ARCHITEKT:	
HONIGBIENE	
BEINHALTEND:	
BAUPLAN	
ZEITANGABE:	MASSSTAB:
SOMMER	1:2
SCHWIERIGKEITSSTUFE:	19

HONIGBIENE
BESONDERE MERKMALE

Größe: Arbeiterin 12 mm; Königin 18 mm; Drohne 16 mm.

Lebensdauer: Arbeiterinnen leben nur wenige Wochen, die Königin fünf Jahre.

Lebensraum: Gärten, Wiesen, Wälder und Lichtungen.

Verbreitung: auf der ganzen Welt. Ursprünglich in Europa, Afrika und Teile Asiens beheimatet, wurde sie auch nach Amerika und Ozeanien eingeführt.

Besonderheiten: Bienen sind sozial sehr gut organisierte Tiere; das heißt, sie leben in Gemeinschaften.

Nahrung: Pflanzenfresser (Pollen, Nektar und Honig).

Feinde: Hornissen, Säugetiere (Bären, Dachse, Mäuse, in Amerika auch Stinktiere), Vögel (Schwalben, Elstern).

AFRIKANISCHER BAUMFROSCH

Der **Afrikanische Baumfrosch** lebt auf Bäumen und baut auch sein Nest in luftiger Höhe. Er produziert **Schaumblasen**, die er zwischen Blättern befestigt, und legt in dieses Nest seine Eier. Wenn die **Kaulquappen** darin schlüpfen, purzeln sie – platsch! – ins Wasser und wachsen dort zu Fröschen heran.

Schutzhütten aus Schaum

Baumfrosch-Eier sind sehr empfindlich. Um sie zu schützen, baut ihnen die Froschdame ein Schaumnest. So können sie sich ungefährdet in Kaulquappen und später in Frösche verwandeln.

SO WIRD GEBAUT

Es ist **sehr wichtig,** dass das ausgewählte Blatt fest hängt und direkt über dem Wasser ist. Es wird von Mama Frosch mit einem Baumaterial gefüllt, für das sie ein ganz spezielles Rezept hat. Die einzige Zutat ist ein **Schleim**, den sie selbst absondert.

So wird's gemacht: Mit den Beinen schlägt das Froschweibchen den Schleim so lange, bis er zu Schaum wird. Dann legt sie die Eier hinein. Durch die Sonne wird der Schaum außen hart, bleibt aber innen flüssig. Wenn die Kaulquappen geschlüpft sind, löst sich der Schaum auf, und sie fallen ins Wasser.

Der Baumfrosch hat sehr große Füße. Zwischen seinen Zehen sitzt eine Haut, die ihm dabei hilft, große Sprünge von Ast zu Ast zu machen.

Baumaterial

- **Zweige** und **grüne Blätter** dienen als Träger für das Nest. Manchmal wickelt der Frosch den Schaum in ein grünes Blatt, damit die Sonne und der Wind es nicht zu sehr austrocknen.

- Der **Schaum** wird aus einem schleimigen Sekret geschlagen.

Die Nester werden hoch oben in einem Baum befestigt. So haben Eierdiebe keine Chance...

Auch andere Froscharten bauen Schaumnester. Die Nester einiger asiatischer Frösche sind bis zu 10 cm groß.

BAUPROJEKT:

SCHUTZHÜTTEN AUS SCHAUM

ARCHITEKT:

AFRIKANISCHER BAUMFROSCH

BEINHALTEND:

BAUPLAN

ZEITANGABE:	MASSSTAB:
REGENZEIT IM SOMMER	1:1

SCHWIERIGKEITSSTUFE:	
	21

SPINNE

Die Spinne ist **ein räuberisches Insekt**, das sich von anderen Tieren ernährt. Sie produziert ein Gift, mit dem sie ihre Beute lähmt. Auch den Spinnfaden, mit dem sie ihr Netz für die Jagd webt, stellt sie selbst her. Erstaunlich, was so kleine Tierchen alles können!

Spinnennetze können die Form eines Trichters haben, meistens sind sie jedoch flach und spiralförmig. Fast alle hängen senkrecht, waagerechte heißen Baldachinnetze.

Einige sehr lange Fäden befestigen die Spinnen nur an einem Ende. Wie an einer Liane hängend bewegen sie sich damit fort.

In gewisser Hinsicht kann ein Spinnfaden so stabil wie ein Drahtseil sein!

Afrikanischer Baumfrosch
BESONDERE MERKMALE

Größe: zwischen 25 und 45 mm.

Lebensraum: in der Nähe von Seen und Tümpeln in tropischen Feuchtgebieten.

Verbreitung: Zentralafrika.

Nahrung: viele verschiedene Insekten und Pflanzen.

Feinde: sehr viele; zum Beispiel Schlangen, Chamäleons, Vögel, große Fische.

Kunstvolle Netze

Die Spinne webt ihr Netz:

- um damit fliegende Insekten zu fangen. Passen Beutetiere nicht auf, kleben sie – zack! – daran fest.
- um darauf von einem Ort zum nächsten zu gelangen und vor Räubern, die am Boden leben, sicher zu sein.

SO WIRD GEBAUT

Der geeignete Platz: Die Spinne sucht sich einen Platz, an dem sie die Spinnfäden gut befestigen kann: Zweige, Steine oder die Ecken zwischen Wänden.

Geschickte Webkünste: Die Spinne produziert Spinnfäden mithilfe von Drüsen an ihrem Hinterleib. Manche Spinnen haben bis zu sieben Drüsen, und aus jeder kommt eine andere Sorte Spinnfaden, je nachdem, wofür sie ihn braucht. Den stabilsten Faden verwendet sie, um das Spinnennetz zu verankern und festzuzurren. Mit einem weicheren und klebrigeren Faden webt sie zwischen diesen Abspannungen das spiralförmige Netz. Manchmal verstärkt sie die Verbindungen zusätzlich mit sehr feinen Fäden. Und dann muss sie nur noch abwarten, bis sich die Beute verfängt ... und zack!

Baumaterial

- **Zweige** dienen der Konstruktion zur Befestigung.
- **Spinnfäden** produziert die Spinne in unterschiedlicher Beschaffenheit – und zwar in bis zu sieben verschiedenen Sorten.

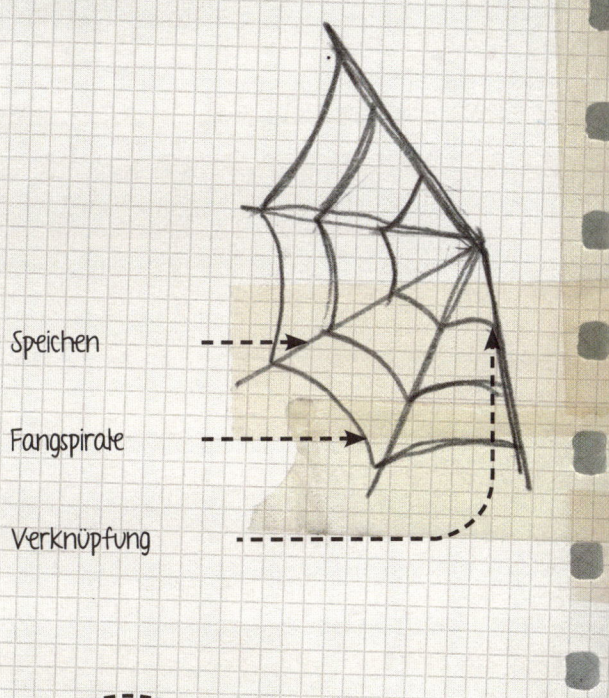

Speichen

Fangspirale

Verknüpfung

Eine Hülle aus Spinnfäden dient der Spinne zum Schutz ihrer Eier.

BAUPROJEKT:	
KUNSTVOLLE NETZE	
ARCHITEKT:	
SPINNE	
BEINHALTEND:	
BAUPLAN	

ZEITANGABE:	MASSSTAB:
GANZJÄHRIG	1:5

SCHWIERIGKEITSSTUFE:	
	23

Spinne
BESONDERE MERKMALE

Größe: zwischen 0,5 mm und 9 cm.

Verbreitung: auf allen Kontinenten, außer in der Antarktis.

Lebensraum: lebt in jedem Klima, sowohl in trockenen als auch in feuchten Gebieten.

Besonderheiten: lebt alleine, fängt in ihrem Spinnennetz ein Opfer nach dem anderen.

Nahrung: Insekten, normalerweise fliegende, die sie in ihrem Spinnennetz fängt. Sie lähmt die Beute mit ihrem Gift, spritzt dann Verdauungssäfte hinein, um sie in einen Brei zu verwandeln und saugt diesen dann auf.

Feinde: Vögel, Eidechsen, Frösche, Fische , andere Spinnen. Wird auch von Menschen getötet, weil diese sich vor Spinnen gruseln.

STORCH

Der Weißstorch ist ein sehr großer **Zugvogel**. Im Frühling und Sommer zieht er seine Jungen in Europa auf, im Herbst flieht er vor der Kälte nach Afrika. Er baut große Nester an hochgelegenen Plätzen, oft auf den Dächern von hohen Gebäuden. Wie der Volksglaube besagt, bringen Störche Glück oder auch die Kinder.

Wenn er seinen Jungen etwas zu trinken geben will, drückt der Storch nasses Moos über ihren Schnäbeln aus.

Weil der Weißstorch sein Nest jedes Jahr vergrößert, kann es riesig werden: so hoch wie ein einstöckiges Haus!

Manchmal wird das Nest so groß, dass es zusammenbricht oder abstürzt. Es kann so viel wiegen wie ein Löwe: 250 kg!

Gemütliche Hochsitze

Der Weißstorch baut ein Nest, um darin seine Eier abzulegen und die Küken großzuziehen.

Wie die meisten Vogelnester, hat auch das Storchennest die Form einer Schüssel, aber es ist sehr groß und wird oft auf dem Dach hoher Gebäudes errichtet.

SO WIRD GEBAUT

In luftiger Höhe: Das Männchen sucht einen Platz mit gutem Ausblick, der stabil und so weit oben wie möglich ist. Zunächst baut es alleine, aber wenn das Nest dann Form annimmt, hilft das Weibchen auch mit.

Stabil und sicher: Zuerst werden dicke Zweige am Boden befestigt und miteinander verflochten. Dann werden dünnere Zweige, Laub, Erde und Schlamm darüber gelegt und daraus ein hoher Rand geformt. So sind die Eier geschützt und fallen nicht heraus.

Gemütlich: Zum Schluss werden kleine Blätter und Moos hineingelegt, um es auszupolstern. Manchmal wird auch Material von Menschen benutzt: Lumpen, Papier, Plastik, oder Ähnliches. Das Nest wird jedes Jahr wieder benutzt und verbessert und vergrößert.

Baumaterial

- Eine **stabile Grund-fläche** dient als Fundament. Sie muss möglichst hoch liegen.

- **Dicke Zweige** dienen als Gerüst.

- **Dünne Zweige, Laub, Erde** und **Schlamm** bilden das sehr gemütliche und sichere Nest.

- **Moos, kleine Blätter, Lumpen** und **Papier** sorgen für den letzten Schliff.

- **Wichtigstes Werkzeug** ist für den Storch sein langer Schnabel.

Um den Weißstorch ranken sich viele Legenden. Die bekannteste davon besagt, dass der Storch die Babys bringt.

BAUPROJEKT:	
GEMÜTLICHE HOCHSITZE	
ARCHITEKT:	
STORCH	
BEINHALTEND:	
BAUPLAN	

ZEITANGABE:	MASSSTAB:
FRÜHJAHR	1:20

SCHWIERIGKEITSSTUFE:	
	25

Storch
BESONDERE MERKMALE

Gewicht: ausgewachsen zwischen 2,3 und 4,5 kg.

Größe: zwischen 100 und 115 cm.

Flügelspannweite: zwischen 155 und 215 cm.

Lebensraum: offene Wiesen, Ackerland, flache Feuchtgebiete; meidet Regionen mit hohem Bewuchs.

Verbreitung: nistet hauptsächlich in Europa; zieht im Winter nach Afrika.

Nahrung: Frösche, kleine Nagetiere und Insekten.

Feinde: Der Storch hat keine natürlichen Feinde, wird aber durch die Menschen bedroht, die seinen Lebensraum immer mehr verkleinern.

SCHIMPANSE

Der kluge Schimpanse baut sich seinen Schlafplatz sehr schnell. Von klein auf lernt er, sich jeden Tag sein Bett zu machen!

Hochbett in den Wipfeln

Schimpansen bauen sich ihr Bett hoch oben in den Bäumen. Meistens befindet sich in jedem Baum nur ein Bett, manchmal aber auch zwei oder drei. Die Hochbetten ermöglichen es den Affen:

- nachts sicher schlafen zu können, ohne von Raubtieren angegriffen zu werden.
- sich vor Insekten und Parasiten zu schützen, da es die so hoch oben normalerweise nicht gibt.
- um sich beim Schlafen vor Hitze oder Kälte zu schützen.

Da die Gruppe auf der Nahrungssuche immer weiterzieht, wird das Bett jede Nacht an einem anderen Platz gemacht.

Im Verlauf seines Lebens baut sich ein Schimpanse etwa 19 000 Betten!

SO WIRD GEBAUT

Es ist ganz einfach! Der Schimpanse klettert bis in die Baumkrone. Dort gibt es biegsame Zweige mit vielen Blättern, die er zu einer Art Matratze zusammenflechten kann. So hat er es schön kuschelig und kann sorglos einschlafen!

Baumaterial

- Die **Zweige** in den Baumkronen benutzen die Schimpansen am liebsten, da sie sich leichter biegen lassen und so besser halten.

- Die **Blätter** an den Zweigen reichen aus, um das Nest abzudecken.

- Als **Werkzeug** werden **Hände** und **Füße** benutzt. Schimpansen können auch mit den Füßen Dinge geschickt greifen.

Wenn es kalt ist eignen sich Zweige mit mehr Blättern, dazu, sich zu wärmen.

Affenbabys, die noch gesäugt werden, teilen sich ein Bett mit ihrer Mama.

BAUPROJEKT:

HOCHBETT IN DEN WIPFELN

ARCHITEKT:

SCHIMPANSE

BEINHALTEND:

BAUPLAN

ZEITANGABE:	MASSSTAB:
GANZJÄHRIG	**1:10**

SCHWIERIGKEITSSTUFE:

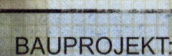

Schimpanse
BESONDERE MERKMALE

Gewicht: Weibchen wiegen zwischen 26 und 50 kg; Männchen zwischen 34 und 70 kg.

Größe: zwischen 1,0 und 1,7 m.

Lebensraum: Tropenwälder und Feuchtsavannen.

Verbreitung: West- und Zentralafrika.

Besonderheiten: leben in Gruppen mit 20 bis 150 Mitgliedern.

Nahrung: hauptsächlich vegetarisch.

Feinde: große Raubkatzen und Hyänen.

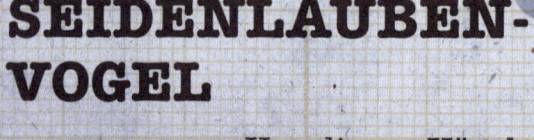

SEIDENLAUBEN-VOGEL

Von diesen Vögeln gibt es kleine und mittelgroße Arten. Die Seidenlaubenvögel sind sowohl Architekten als auch Dekorateure – sie bauen **Lauben**, um damit die Weibchen zu verführen. Je nach Art haben sie unterschiedliche Farben. Das Erstaunliche ist: Je unauffälliger das Gefieder eines Männchens ist, umso prächtiger sind seine Bauwerke. Irgendwie muss man ja auf sich aufmerksam machen!

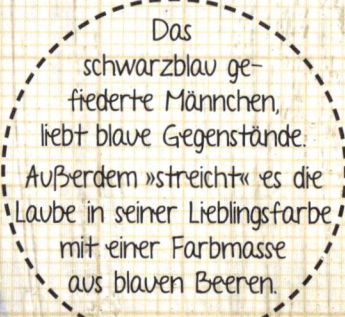

Das schwarzblau gefiederte Männchen, liebt blaue Gegenstände. Außerdem »streicht« es die Laube in seiner Lieblingsfarbe mit einer Farbmasse aus blauen Beeren.

Bunt geschmückte Liebeslauben

Um das Weibchen zu erobern, baut das Männchen eine wunderhübsche Laube. Es gibt sich große Mühe, den Nestbau mit farbigen Gegenständen zu dekorieren.

SO WIRD GEBAUT

Nach Augenmaß: Zuerst sucht das Männchen viele dünne Zweige, um die Wände der Laube zu errichten. Diese sind beeindruckend hoch, sehen aus wie Flügel und bilden eine Art Gang, durch den die Braut hindurchgehen soll.

Mit Deko-Tricks: Dann sucht das Männchen Gegenstände, um die Laube zu verzieren. Mit Steinen, Mu-

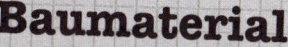

Baumaterial

- Die **Zweige**, die zum Bau der Laube dienen, sind alle etwa gleich dünn.

- **Steine, Knochen, Muscheln, Glasscherben, Federn, Körner, Plastikmüll, Blechdosen** ... einfach alles wird zum Dekorieren verwendet.

Manche Männchen haben einen seltsamen Geschmack: Einige dekorieren ihre Lauben mit Plastikmüll.

In Neuguinea gibt es eine Laubenvogelart, die jahrelang an einer Laube baut. Am Ende ist der Bau sogar höher als ein erwachsener Mensch.

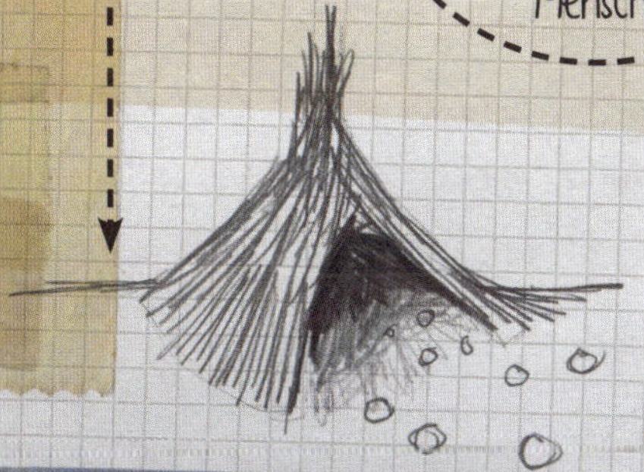

scheln, Glasscherben und anderen Fundstücken schmückt es die Laube kunstvoll. Die kleinsten Gegenstände stellt es in die Nähe des Eingangs, die größeren weiter weg. Durch diesen architektonischen Trick entsteht der Eindruck, dass der Bau besonders groß ist. Die Laube soll imposanter und hübscher aussehen als die der anderen Männchen, um Weibchen zu beeindrucken.

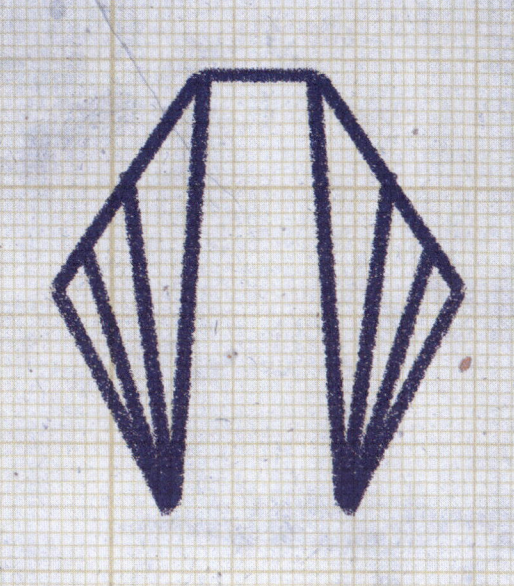

BAUPROJEKT:

SEIDENLAUBENVOGEL

ARCHITEKT:

BUNT GESCHMÜCKTE LIEBESLAUBEN

BEINHALTEND:

BAUPLAN

ZEITANGABE:	MASSSTAB:
PAARUNGS-ZEIT	**1:5**

SCHWIERIGKEITSSTUFE:

29

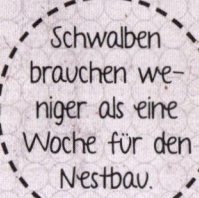

SEIDENLAUBEN-VOGEL
BESONDERE MERKMALE

Gewicht: ungefähr 200 g.

Größe: zwischen 28 und 33 cm (Männchen).

Flügelspannweite: zwischen 33 und 38 cm (großes Männchen).

Lebensraum: lebt in Wäldern und Mangrovenwäldern.

Verbreitung: Australien und Neuguinea.

Besonderheiten: lebt alleine, auch wenn er Junge aufzieht. Andere Vögel trifft er nur, um sich nach seinem arbeitsreichen Ritual zu paaren. Er kann außergewöhnlich gut Geräusche nachahmen.

Nahrung: Körner, Insekten.

Feinde: Schlangen, andere Vögel.

RÖTELSCHWALBE

Schwalben bauen ihre Nester aus Schlamm. Das außergewöhnlichste dieser Nester ist das der Rötelschwalbe. Es sieht aus wie eine halbierte Flasche. Schwalben singen beim Nestbau: ein kurzes, zartes Tschirpen. Solange sie Junge großziehen, genießen sie das ruhige Familienleben.

Häuser aus Schlamm

Die Rötelschwalbe baut ihr Nest, um darin die Eier auszubrüten und die Jungen großzuziehen.

Das Nest hat eine eigenartige Form. Es sieht aus wie eine halbierte Flasche und ist meist an einem menschlichen Bauwerk befestigt: unter einem Hausdach oder einer Brücke.

Schwalben brauchen weniger als eine Woche für den Nestbau.

Wenn der Schlamm von verschiedenen Gewässern stammt, hat das Nest später verschiedenfarbige Streifen.

SO WIRD GEBAUT

In luftiger Höhe und in Nähe eines Gewässers sucht sich die Schwalbe ein stabiles und gut geschütztes Fundament (ein Dachbalken beispielsweise).

Mit Schwalbenziegelsteinen: Die Schwalbe vermischt Schlamm mit ihrem klebrigen Speichel und formt daraus Kugeln, die sie als »Ziegelsteine« für den Nestbau benutzt. Manchmal wird der Schlamm noch mit trockenen Gräsern verfestigt.

Die Technik: Die Kugeln klebt sie an die waagerechte Fläche. Sie beginnt mit dem hinteren Teil des Nests und am Schluss baut sie den tunnelförmigen Eingang.

Im Innern: Wenn das Nest fertig ist, polstert sie es mit Federn und Laub gemütlich aus.

Baumaterial

- Eine **hoch gelegene waagrechte Fläche** (auf einer Mauer, Brücke, Höhle, Steilküste) dient als Fundament für das Nest.

- **Stroh und trockenes Gras** verfestigen den **Schlamm**, das wichtigste Material für den Nestbau.

- **Speichel** klebt die **Schlammkugeln** zusammen und ermöglicht es, sie an der waagerechten Fläche zu befestigen.

- Mit **Federn** und **Blättern** wird das Nest ausgepolstert.

Schwalben leben oft in Nähe menschlicher Siedlungen. Sie bauen ihre Nester gerne im Schutz von Dächern.

Männchen und Weibchen bauen das Nest gemeinsam.

BAUPROJEKT:

HÄUSER AUS SCHLAMM

ARCHITEKT:

RÖTELSCHWALBE

BEINHALTEND:

BAUPLAN

ZEITANGABE:	MASSSTAB:
FRÜHJAHR	1:2

SCHWIERIGKEITSSTUFE:

31

Rötelschwalbe
BESONDERE MERKMALE

Gewicht: ausgewachsen zwischen 16 und 22 g.

Größe: zwischen 17 und 19 cm, ein-schließlich der seitlichen

Schwanzlänge:-federn, die zwischen 2 und 7 cm lang sein können.

Flügelspannweite: zwischen 32 und 34,5 cm.

Lebensraum: offene Landschaften in der Nähe von Wasser und mensch-lichen Siedlungen.

Verbreitung: Südeuropa, Asien und Nordafrika.

Besonderheiten: Zugvogel, der zu-sammen mit anderen Schwalbenarten auf Wanderung geht.

Nahrung: fliegende Insekten, die er in der Luft fängt.

Feinde: Raubvögel wie Falken und Sperber.